W0108481

Inhalt

Erdbeben-Alltag

Erdbebenübungen gehören in japanischen Schulen zum Alltag. Hier machen sich die Kinder mit den hitzebeständigen und wasserdichten Kopfbedeckungen vertraut.

Neil Morris

Erdbeben

Was ist ein Erdbeben?

Ein Erdbeben ist eine Erderschütterung, die von unterirdischen Kräften ausgelöst wird. Starke Erdbeben lassen Konstruktionen wie Gebäude und Brücken einstürzen. Die Erdoberfläche besteht aus einer Gesteinsschicht, die man als Erdkruste bezeichnet. Die Kruste setzt sich aus großen Stücken zusammen, die wie Teile eines gigantischen Puzzles ineinander greifen. Diese Teile, die tektonischen Platten, bewegen sich ganz langsam vorwärts und stoßen aneinander. Dabei schieben sie das Gestein zusammen oder ziehen es auseinander, sodass sich enorme Spannungen aufbauen. Werden diese Spannungen sehr groß, brechen und verschieben sich unterirdische Gesteinsschollen. Bei diesem Spannungsausgleich entstehen Erdbebenwellen, die den Erdboden erzittern lassen. Weltweit gibt es jährlich etwa 11 Millionen Beben, von denen nur 34 000 spürbar sind.

Aristoteles
Der griechische Philosoph und Naturwissenschaftler Aristoteles (384–322 v. Chr.) nahm an, die Erde sei mit unterirdischen Höhlen durchzogen, die die Winde aufsaugen. Wenn Feuer im Erdinneren diese Winde erhitzen, explodieren sie. Diese Explosionen wiederum, so Aristoteles, rufen Erdbeben hervor. Das war über 2000 Jahre bevor die Forscher der tatsächlichen Ursache der Erdbeben auf die Spur kamen.

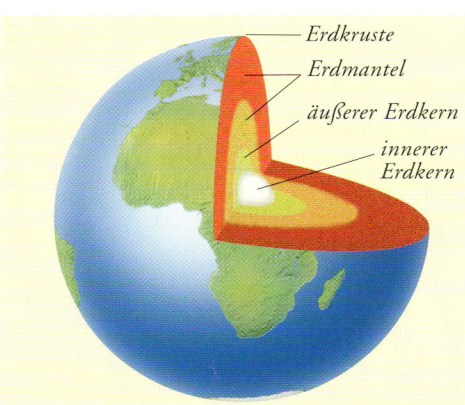

Erdkruste
Erdmantel
äußerer Erdkern
innerer Erdkern

Unter der Oberfläche
Unter der Erdkruste liegt der weiche Erdmantel aus heißem, teilweise geschmolzenem Gestein. Der Erdkern besteht aus Eisen und Nickel und ist ganz innen fest. Die Erdkruste ist an der höchsten Gebirgskette bis zu 60 km stark. Die meisten Erdbeben beginnen oberflächennah, manche jedoch in bis zu 700 km Tiefe.

Die Anden
Die Anden sind die längste Gebirgskette der Erde. Sie durchziehen Südamerika auf einer Länge von 7200 km. Die Berge entstanden beim Zusammenstoß der ozeanischen Nazca-Platte und der kontinentalen Amerikanischen Platte. 1970 gab es an einem hohen Andenberg nahe der peruanischen Küste infolge eines Erdbebens einen Erdrutsch, dem 66 000 Menschen zum Opfer fielen.

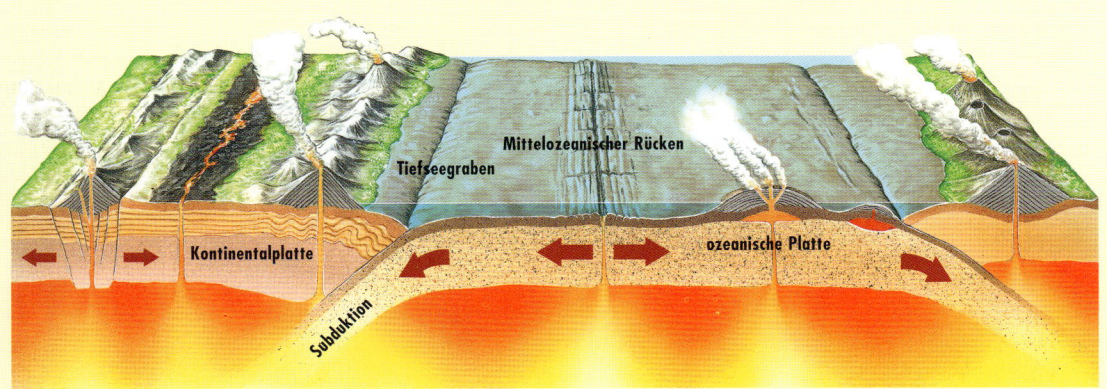

Gesteinsschichten

Das Gestein, aus dem die Platten bestehen, ist in Schichten angeordnet. Bei Plattenbewegungen werden die Schichten geschoben, gezogen, gebogen und gefaltet. Die Kräfte im Erdinneren sind gewaltig, die Bewegungen an der Oberfläche dagegen sehr gering. Ein Gebirge etwa wird im Lauf von Jahrtausenden gefaltet. Brechen die Schichten, entsteht eine Verwerfung.

In diesem trockenen Flusstal in Namibia erkennt man deutlich die bogenförmigen Gesteinsschichten.

Abtauchende Platten

Die stärksten Erdbeben ereignen sich dort, wo zwei Platten aufeinander stoßen und die eine unter die andere absinkt. Man nennt das Subduktion. Meist handelt es sich um eine ozeanische Platte unter dem Meer, die auf eine dickere, landbedeckte Kontinentalplatte stößt. Die absinkende ozeanische reibt sich an der oben liegenden kontinentalen Platte. Dabei schmilzt von beiden Platten Gestein; Vulkane und Erdbeben sind die Folge.

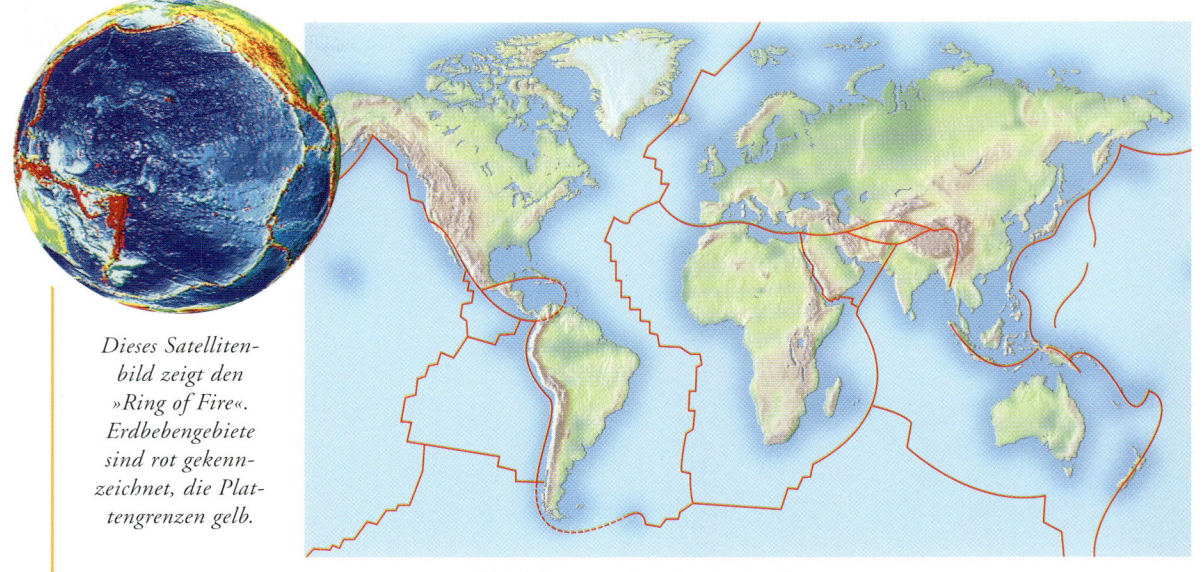

Dieses Satelliten-bild zeigt den »Ring of Fire«. Erdbebengebiete sind rot gekenn-zeichnet, die Plat-tengrenzen gelb.

Die Plattentektonik der Erde

Die Platten, aus denen die Erdkruste besteht, bewegen sich ständig, allerdings nur wenige Zentimeter im Jahr. Doch das reicht aus, um Erdbeben und Vulkanausbrüche auszulösen, Bergketten und Tiefseegräben zu schaffen. Die roten Linien auf der Karte zeigen die Plattengrenzen, also die Orte, an denen sich die meisten Erdbeben ereignen.

Mittelatlantischer Rücken

Die Azoren erheben sich rund 1400 km westlich von Portugal im Nordatlantik über dem Mittel-atlantischen Rücken aus dem Wasser. Dieses haupt-sächlich untermeerische Gebirge baut sich aus geschmolzenem Gestein auf, während sich die Nord-amerikanische Platte von der Afrikanischen und der Eurasiatischen entfernt.

Beben rund um die Erde

Vor 150 Jahren begann der irische Ingenieur Robert Mallet Informationen über die genaue Position der Erdbeben rund ums Mittelmeer zu sammeln. Er verzeichnete etwa 7000 Erdbeben auf einer Karte und entdeckte ein Muster, wusste aber nicht, was es bedeutete. Heute wissen wir, dass sich rund drei Viertel aller Erdbeben auf einem Gürtel rund um den Pazifik ereignen, der als »Ring of Fire« bezeichnet wird. Ein weiterer Erdbebengürtel verläuft quer durch Südeuropa und Asien vom Mittelmeer über den Mittleren Osten bis zum Himalaya und nach Indonesien. Diese beiden großen »Feuerringe« treffen in der Nähe der Insel Neuguinea aufeinander. Beide liegen auf Plattengrenzen.

Neuseeland

1996 könnte der Ausbruch des Vulkans Ruapehu auch ein Erdbeben ausgelöst haben. Die Pazifische und die Indo-Australische Platte stoßen unterhalb der neuseeländischen Inseln aneinander. Neuseeland erlebt pro Jahr rund 400 Erdbeben, doch nur 100 davon sind überhaupt spürbar.

China

In Zentralchina fielen 1556 einem Erdbeben 830 000 Menschen zum Opfer – eine unglaubliche Zahl. Im Nordosten des Landes kamen 1976 bei einem Beben mindestens 240 000 Menschen ums Leben. Weil in chinesischen Städten viele Menschen in hohen Gebäuden auf engem Raum zusammenleben, ist die Gefahr durch einstürzende Gebäude bei einem Erdbeben dort besonders groß.

USA

Der Reelfoot-See in Tennessee entstand Anfang des 19. Jahrhunderts aufgrund mehrerer Erdbeben. In den Jahren 1811 und 1812 gab es im Süden der USA so starke Erdstöße, dass der Mississippi jeweils für kurze Zeit seine Fließrichtung änderte. Das Flusswasser überströmte tiefer liegende Wälder. So entstanden neue Seen, von denen noch heute einige existieren.

Südeuropa

1997 stürzte bei einer Reihe von Beben in Mittelitalien die Kirche San Francesco in Assisi teilweise ein. Vier Menschen, darunter zwei Franziskanermönche, wurden von herabstürzenden Steinen erschlagen und viele Fresken des berühmten Malers Giotto zerstört. Die Fresken wurden mittlerweile aufwendig restauriert.

Verwerfungen

Auf diesem Foto (nahe Landers, Kalifornien, 1992) sind anhand der Straßenmarkierungen die Folgen einer Horizontalverschiebung deutlich zu sehen. Erdbeben an Horizontalverschiebungen sind in Kalifornien, China und in der Türkei verbreitet.

Wenn sich die Platten, aus denen die Erdkruste besteht, aneinander reiben, üben sie so großen Druck auf das Gestein aus, dass dieses manchmal bricht. Den Bruch bezeichnet man als Verwerfung, den Bruchverlauf als Verwerfungslinie. Große Verwerfungen können bis tief in unterirdische Gesteinsschichten reichen und ganze Kontinente durchlaufen. Die größten Verwerfungen befinden sich an den Plattengrenzen. Manche Verwerfungen reißen bei ihren Bewegungen den Boden auf, andere schieben ein Gebiet hoch oder lassen es absinken. Die Spannungen, die das Erdbeben einmal ausgelöst haben, bauen sich häufig von neuem auf und führen wieder zu einem Beben.

Auf Island markiert ein langer offener Riss die Grenze zwischen der Amerikanischen (links) und dem Westzipfel der Eurasiatischen Platte (rechts). Die beiden Platten driften pro Jahr rund 2,5 cm auseinander; der Atlantikboden dehnt sich währenddessen um genau diese 2,5 cm aus.

Ostafrikanischer Graben

Zwischen dem Roten Meer und Mosambik zieht sich ein riesiges Grabensystem längs durch Ostafrika. Der Ostafrikanische Graben ist teilweise bis zu 100 km breit. Einzigartige Landschaften, Seen und Vulkane liegen auf diesem Grabensystem. Es entstand, als die Afrikanische Platte und die Somali-Platte das Land auseinander rissen. In Kenia dauert dieser Vorgang nun seit Millionen von Jahren an.

Vertikal-
bewegung:
Abschiebung

Vertikal-
bewegung:
Aufschiebung

Horizontalverschiebung

Verwerfungen

Je nachdem, wie das Gestein bricht, unterscheidet man verschiedene Arten der Verwerfung. Bei einer Vertikalbewegung mit Abschiebung zieht der Druck der Erdkruste zwei Gesteinsschollen auseinander, sodass an der Verwerfungslinie eine unter die andere absinkt. Bei einer Aufschiebung dagegen wird die eine über die andere geschoben. Bei der Horizontalverschiebung werden die beiden Gesteinskomplexe waagerecht gegeneinander versetzt.

Der San-Andreas-Graben

Eine der berühmtesten geologischen Formationen der Erde ist der San-Andreas-Graben an der kalifornischen Pazifikküste der USA. Diese Horizontalverschiebung ist über 1100 km lang und liegt auf der Grenze zwischen der Pazifischen und der Amerikanischen Platte. Die beiden Platten schieben sich mit rund 5 cm pro Jahr beständig aneinander vorbei. Viele kleinere Verwerfungslinien durchziehen zickzackartig das Gebiet und münden zum Teil in den San-Andreas-Graben. Hier werden rund 20 000 Erdstöße pro Jahr registriert.

Northridge, 1994

Am 17. Januar 1994 bebte die Erde um 4.30 Uhr in Northridge. Das Beben dauerte 20 Sekunden; es riss 10 Brücken ein und durchtrennte drei Autobahnen. Sechzig Menschen wurden getötet, 25 000 verloren ihre Häuser. Northridge liegt auf einer kleinen Verwerfung, die vom San-Andreas-Graben zum Meer führt.

Kalifornische Schulkinder sind Erdbebenübungen gewohnt. Die ständige Bedrohung ist Teil ihres Lebens und ihres Schulalltags.

San Francisco, 1906

Ein gewaltiges Erdbeben erschütterte am 18. April 1906 um 5.12 Uhr San Francisco. Fast eine Minute lang bebte die Stadt, als der San-Andreas-Graben auf einer Länge von 430 km bis zu 6 m weit aufbrach. Rund 28 000 Gebäude wurden zerstört, ganze Straßenzüge stürzten ein, ein Großbrand brach aus. Von den 400 000 Einwohnern kamen mehr als 3000 ums Leben, 225 000 wurden obdachlos.

Der San-Andreas-Graben sieht aus der Luft wie eine Narbe aus. Wissenschaftler meinen, die beiden Enden des San-Andreas-Grabens sind am gefährlichsten: Kap Mendocino nördlich von San Francisco und Imperial Valley südlich von Los Angeles.

Der San-Andreas-Graben durchschneidet Westkalifornien entlang der Küste. Der Pazifik und der Landzipfel im Westen liegen auf der Pazifischen Platte, die nach Nordwesten driftet. Die übrige Landmasse bewegt sich mit der Amerikanischen Platte langsam südostwärts. Los Angeles und San Francisco liegen nahe am Graben.

San Francisco in Flammen

Im Jahr 1906 fielen die meisten Häuser, die das Erdbeben überstanden hatten, anschließend den Flammen zum Opfer. Umgestoßene Öfen verursachten viele Brände. In den Randgebieten der Stadt gingen die Wasserleitungen zu Bruch, sodass Löschwasser kaum vorhanden war. Die Brände dauerten drei Tage an.

San Francisco, 1906

Ein Journalist berichtet

Der Schreibtisch an der Wand kam auf mich zu. Er tanzte im Zickzack. Nun konzentrierte ich mich auf meinen Hörsinn. Ich vernahm das Krachen einstürzender Häuser, das Rumoren von Ziegelsteinlawinen, das Stöhnen zerberstender Balken.

Am nächsten Tag

Nach Einbruch der Dunkelheit machten sich Tausende von Obdachlosen auf den Weg zum Golden Gate Park und zum Strand. Alle sind bereit, die Stadt zu verlassen, denn die Menschen glauben fest daran, dass sie vollständig zerstört wird. Die Innenstadt liegt in Trümmern.

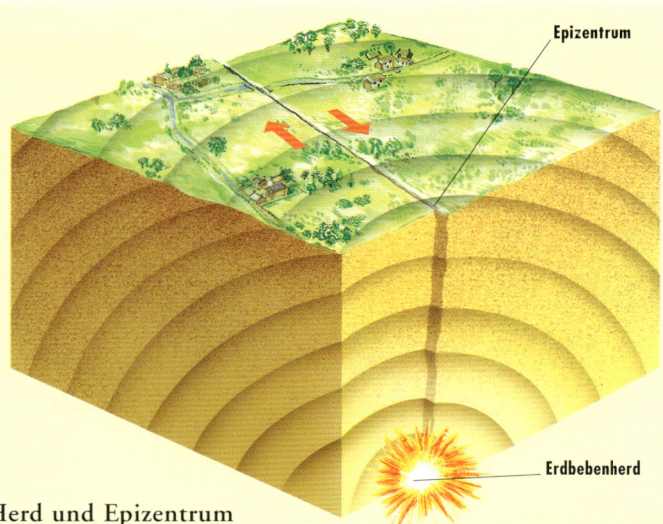

Alaska, 1964

Am 27. März 1964 erschütterte ein Erdbeben die Stadt Anchorage in Alaska. Es löste einen Erdrutsch aus, der 131 Menschen das Leben kostete und Häuser bis zu 600 m weit mitriss. Das Epizentrum des Erdbebens lag 130 km von Anchorage entfernt, der Erdbebenherd 20 km unter der Erdoberfläche. Das Beben löste einen Tsunami aus (siehe Seiten 16/17), der auf die Küste vor Alaska mit über 5 m hohen Wellen aufschlug und bis nach Südkalifornien vordrang.

Epizentrum

Erdbebenherd

Herd und Epizentrum

Der Erdbebenherd liegt unter der Erde an der Stelle einer Verwerfung, an der das Gestein als Erstes bricht und sich verschiebt. Das Epizentrum ist die Stelle der Erdoberfläche, die direkt über dem Herd liegt. Häufig verlaufen die Erdbebenwellen nicht so geordnet, wie es auf diesem Bild den Anschein hat: Sie können abgelenkt werden, wenn sie von einer Gesteinsart in die nächste übergehen und wenn sie bei Erreichen der Oberfläche wieder unter die Erde zurückgeworfen werden.

Erdbebenwellen

Der genaue Punkt unter der Erde, an dem die Gesteinsschollen brechen, wird als Erdbebenherd bezeichnet. Er kann Hunderte von Kilometern unter der Erdoberfläche oder dem Meeresboden liegen. Die Bewegungen des Gesteins rufen Schwingungen hervor, die man als Erdbebenwellen bezeichnet. Sie breiten sich vom Herd in alle Richtungen aus. Die Erdbebenwellen bewegen sich sehr schnell und wir spüren sie, wenn sie den Erdboden erreichen. An der Stelle, die direkt über dem Herd liegt, sind sie am stärksten. Je weiter sie sich vom Herd entfernen, desto schwächer werden sie. Wie groß die Schäden sind, die ein Erdbeben anrichtet, hängt auch vom Gestein ab, das in Schwingungen gerät. Harter Granit oder dicke Sandsteinschichten beben weniger stark als sandige Böden. Wenn Gesteinsschollen brüchig werden, senden sie vor dem Hauptbeben oft kleinere Beben aus. Diese so genannten Vorbeben sind für die Menschen ein Hinweis darauf, dass sie an einem sicheren Ort Schutz suchen müssen.

Raumwellen

Bei den Raumwellen, die im Erdinneren vom Erdbebenherd ausgehen, unterscheidet man zwei Arten: P-Wellen und S-Wellen. P-Wellen sind die schnellste Art seismischer Wellen – oft breiten sie sich mit Schallgeschwindigkeit aus. Sie schieben und ziehen die Gesteinsteilchen in Richtung ihrer Ausbreitung. Die langsameren S-Wellen dagegen erschüttern das Gestein quer zur Ausbreitungsrichtung.

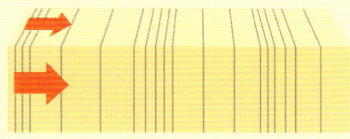

P-Welle

S-Welle

Oberflächenwellen

Auch an der Oberfläche unterscheidet man zwei Arten Erdbebenwellen, die nach den Wissenschaftlern benannt wurden, die sie entdeckten. Die Rayleigh-Wellen rollen ähnlich wie Meereswellen, während sich die Love-Wellen schlangenförmig bewegen. Oberflächenwellen sind langsamer als die Raumwellen im Erdinneren, fügen aber den Gebäuden die größeren Schäden zu.

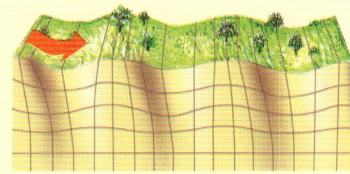

Rayleigh-Welle

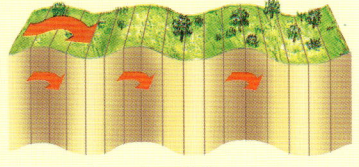

Love-Welle

Fernbeben

An einem Nachmittag im Jahr 1989 um 17.04 Uhr bebte in San Francisco 15 Sekunden lang die Erde. Mehr als 28 000 Häuser wurden beschädigt, 63 Menschen getötet. Die Forscher fanden später heraus, dass das Epizentrum des Bebens 120 km südlich von San Francisco im Santa-Cruz-Gebirge lag.

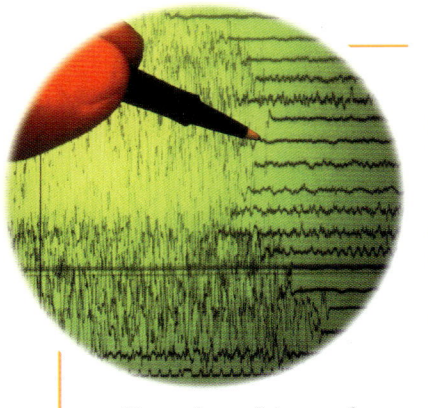

Ein moderner Seismograf zeichnet auf einer rotierenden Trommel die Bodenbewegungen auf Papier auf. Die Ausschläge ergeben ein Seismogramm, das ausgedruckt oder auf einem Monitor betrachtet werden kann. Je stärker das Erdbeben ist, desto größer sind die Bodenbewegungen und desto höher die Zacken auf dem Seismogramm (links).

Chile, 1960

Der Grad der Zerstörung, den ein Beben auf der Erdoberfläche anrichtet, wird von den Seismologen mit der 12-stufigen Mercalli-Sieberg-Skala angegeben. Die Stufe 1 entspricht einer Erschütterung, die nur mit Instrumenten gemessen werden kann. Bei 12 dagegen werden selbst die solidesten Gebäude und die Landschaft total zerstört. Die höchste bislang gemessene Magnitude lag bei 9,5. Das war 1960 an der chilenischen Küste. 5700 Menschen wurden getötet.

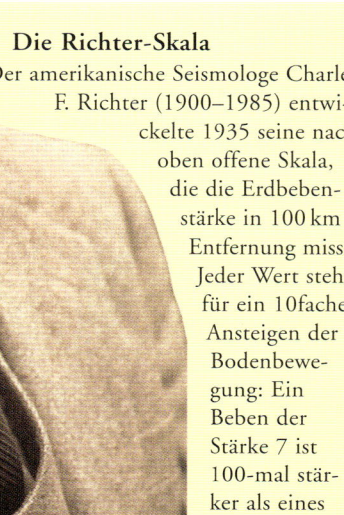

Die Richter-Skala

Der amerikanische Seismologe Charles F. Richter (1900–1985) entwickelte 1935 seine nach oben offene Skala, die die Erdbebenstärke in 100 km Entfernung misst. Jeder Wert steht für ein 10faches Ansteigen der Bodenbewegung: Ein Beben der Stärke 7 ist 100-mal stärker als eines der Stärke 5.

MAGNITUDE	BESCHREIBUNG	BEBEN PRO JAHR
0–1,9	–	700 000
2–2,9	–	300 000
3–3,9	geringfügig	40 000
4–4,9	leicht	6200
5–5.9	gemäßigt	800
6–6,9	stark	120
7–7,9	sehr stark	18
8–8,9	Weltbeben	1 alle 20–30 Jahre

Erdbebenmessungen

Die Wissenschaftler, die sich mit Erdbeben beschäftigen, nennt man Seismologen. Zum Messen verwenden sie Seismografen oder Seismometer, mit denen sie die Erdbebenwellen, die Stärke und die Dauer eines Bebens aufzeichnen. Die Messungen werden von unterschiedlich empfindlichen Geräten abgelesen, um Herd und Epizentrum des Bebens zu orten. Die Stärke eines Erdbebens drückt man als Zahl auf einer Skala aus. Die erste Skala, die sich auf die Wirkung eines Bebens bezog, wurde 1902 von dem Italiener Giuseppe Mercalli erfunden. Heute verwendet man meist die Richterskala, um mithilfe der Seismografen-Daten die Erdbebenstärke zu beschreiben und zu vergleichen.

Milnes Seismograf

Der britische Ingenieur und Seismologe John Milne (1850–1913) wurde als Professor für Geologie an die Universität von Tokyo berufen. Mit seinen Kollegen James Ewing und Thomas Gray gründete Milne 1880 die japanische seismologische Gesellschaft. Er entwickelte einen Seismografen, der die Bewegungen eines Pendels aufzeichnete – zunächst auf bedampften Papier, später auf Film. Milne sammelte für die seismologische Gesellschaft die Daten von mehr als 8000 Erdbeben.

STÄRKE	NÄHE EPIZENTRUM
messbar, nicht spürbar	
messbar, nicht spürbar	
spürbar für wenige	
spürbar für viele	
leichte Schäden	
schwere Schäden	
zerstörerisch	
vernichtend	

Dieses Instrument wurde 130 n. Chr. von dem chinesischen Astronomen und Mathematiker Chang Heng (78–139 n. Chr.) erfunden. Im Gefäß hing ein Pendel, das von Erderschütterungen zum Schwingen gebracht wurde. Das schwingende Pendel schlug dann einem Drachen den Bronzeball aus dem Rachen, der wiederum im Maul eines Frosches landete. Die Position des Frosches zeigte an, aus welcher Richtung das Beben kam. Angeblich wusste Chang Heng dank dieses Seismografen von einem großen Erdbeben in 600 km Entfernung, lange bevor berittene Boten die Nachricht davon überbrachten.

Lissabon, 1755

Am Morgen des 1. November 1755 hörten viele der 275 000 Einwohner von Lissabon plötzlich ein schreckliches Grollen. Die Menschen liefen auf die Straße und sahen, wie sich die Erde aufwarf. Überall in der Stadt stürzten Gebäude in sich zusammen, Tausende von Menschen starben. Viele der Überlebenden rannten zum Hafen. Dort aber rollten über den Fluss Tejo gewaltige Atlantikwellen auf die entsetzten Menschen zu. Die ersten Wogen zerstörten gegen 11 Uhr den Hafen. Innerhalb weniger Stunden lösten umgestürzte Öfen und Lampen Brände aus, die heftige Winde weiter anfachten. Eine riesige Feuersbrunst fegte durch die Stadt. Bei diesem schrecklichen Erdbeben, der anschließenden Flutwelle und den Bränden kamen 60 000 Menschen ums Leben.

Lissabon heute

Lissabon wurde nach dem Erdbeben schnell wieder aufgebaut und hat heute eine Bevölkerung von 1,8 Millionen Menschen. Im ältesten Teil der Stadt gibt es steile, enge Gässchen. Die neueren Viertel mit ihren breiten Straßen und geräumigen Plätzen wurden nach dem Beben großzügiger angelegt.

Lissabon, 1755

Aus Voltaires Candid (1759)

»... sie fühlen, dass die Erde unter ihren Füßen zu beben beginnt. Brausend erhebt sich das Meer im Hafen ... Flammen und Aschenwirbel hüllen Straßen und Plätze ein, Häuser stürzen zusammen, Dächer fallen auf die Mauern, die Mauern zerbersten. ... ›Dieses Erdbeben ist durchaus nichts Neues‹, versetzte Pangloss. ›Voriges Jahr erst erlitt die Stadt Lima in Amerika dieselben Erschütterungen. Gleiche Ursachen – gleiche Wirkungen. Sicherlich zieht sich ein unterirdisches Schwefellager von Lima nach Lissabon.‹«

Lissabon in Trümmern

Rund drei Viertel der Gebäude wurden zerstört. Aufzeichnungen belegen, dass alle 40 Pfarrkirchen beschädigt, 20 davon vollständig zerstört wurden. Tagelang loderten überall in der Stadt Brände. Viele Menschen kampierten deshalb in den Bergen.

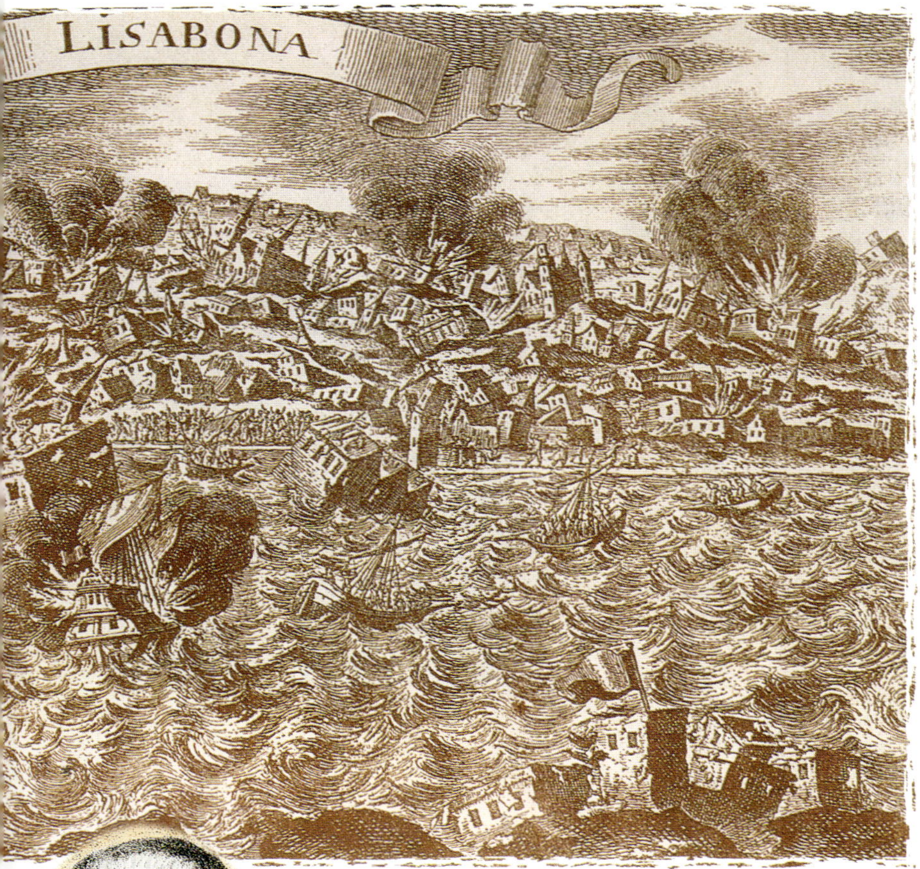

LISABONA

Dieser Kupferstich zeigt, wie die Flutwellen den Hafen überschwemmen. Häuser treiben in den Fluten, im Hintergrund wüten die Flammen. Man geht davon aus, dass eine der riesigen Wellen 12 m hoch war. Seismologen schätzen, dass das Erdbeben von Lissabon eine Stärke von 8,7 auf der Richterskala erreichte. Das Epizentrum lag wahrscheinlich im Atlantik, vielleicht nahe der Eurasiatisch-Afrikanischen Plattengrenze. Angeblich begannen Tausende von Kilometern entfernt die Kirchenglocken zu läuten und in Amsterdam wurden Kanalboote aus ihrer Vertäuung gerissen.

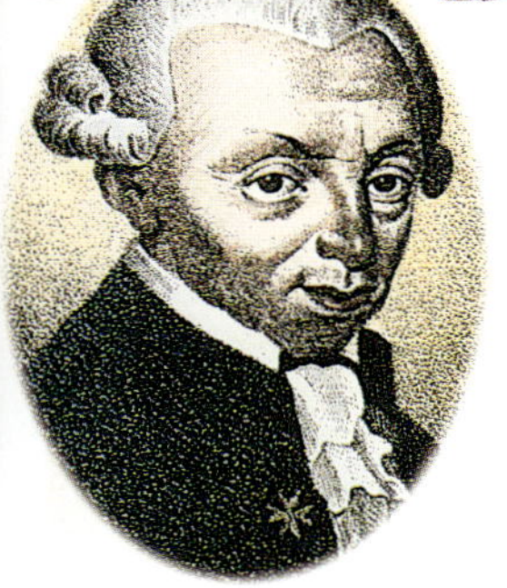

Immanuel Kant

Der deutsche Philosoph Immanuel Kant (1724–1804) berichtete, dass es nahe Cadiz acht Tage vor dem Erdbeben auf dem Boden nur so wimmelte vor Würmern, die aus der Erde gekrochen waren. Die Forscher interessierten sich sehr für dieses Phänomen.

A General View of the CITY of LISBON the Capital of the Kingdom of Portugal before the late dreadful Earthquake on Nov.¹ᵗ. 1755.

Dieses Gemälde zeigt den Hafen von Lissabon vor dem großen Beben. Lissabon wurde 1260 Hauptstadt von Portugal und stieg bald zu einer der wichtigsten europäischen Städte auf. Sein Hafen war der Mittelpunkt des portugiesischen Weltreichs.

Tsunamis

Seebeben finden unter dem Meer statt. Dabei entstehen oft riesenhafte Wellen, die sich übers Meer wälzen. Man bezeichnet sie als Tsunamis, das japanische Wort für »große Woge im Hafen«, denn besonders in Häfen und an den Küsten richten diese Flutwellen Zerstörung an. Manche Tsunamis werden von den Wellen eines Seebebens ausgelöst. Zuerst bebt der Meeresboden, dann gerät darüber das Wasser in Bewegung. Im offenen Meer rast ein Tsunami mit bis zu 1000 km/h vorwärts. Draußen auf hoher See ist die Welle manchmal nur 30 cm hoch und wird kaum wahrgenommen. Doch je näher sie dem flacheren Küstengewässer kommt, desto langsamer und höher wird sie. An der Küste kann sie bis zu 60 m Höhe erreichen.

Osterinsel

Das große chilenische Erdbeben im Jahr 1960 löste drei Tsunamis aus, die westwärts über den Pazifik rasten. Auf der Osterinsel, die fast 3800 km von der südamerikanischen Küste entfernt liegt, brachten sie einige der geheimnisvollen alten Steinstatuen zu Fall, für die diese Insel berühmt ist.

Nicaragua, 1992

Am Abend des 1. September 1992 saßen im nicaraguanischen Hafen San Juan del Sur zwei Männer in ihrem Boot. Es wurde schon dunkel. Plötzlich spürten sie, wie ihr Boot mit einem dumpfen Schlag auf dem Grund des Hafens aufsetzte – an dieser Stelle war das Wasser normalerweise 6 m tief. Die beiden Männer taten alles, damit ihr Boot nicht kenterte, als eine riesige Welle auf sie zuraste. Über dem Kamm der Welle sahen sie, wie die Lichter der Stadt erloschen. Der Hafen war von einem Tsunami heimgesucht worden.

Zerstörung in Küstennähe
Dieses Schiff lief auf Grund, als ein Tsunami die Insel Kodiak vor Alaska, USA, traf. Tsunamis sind für die Schifffahrt, besonders in Küstennähe, gefährlich.

Diese Illustrationen zeigen, wie ein Tsunami in Südostasien die Küste überflutet. Der Berg im Hintergrund macht die Verbindung zwischen Vulkanen, Erdbeben und Tsunamis deutlich, denn jede Art von Erschütterung im Meer kann eine Flutwelle auslösen. Ein Tsunami, der 1771 Japan heimsuchte, soll eine Höhe von 85 m erreicht haben.

Nicaragua, 1992

Am 1. September 1992 erschütterte ein Seebeben der Stärke 7 auf der Richterskala den Boden des Pazifiks 100 km vor der nicaraguanischen Küste Mittelamerikas. Viele Nicaraguaner fühlten nicht einmal die Erde zittern, doch bald überrollten Tsunamis, die mehr als 10 m hoch waren, 300 km Küste. 170 Menschen verloren dabei ihr Leben, über 13 000 wurden obdachlos.

Ein Tsunami baut sich auf

Ein Seebeben erschüttert den Meeresboden und lässt das Wasser darüber erzittern. Ein Tsunami setzt sich in Gang. Je näher er der Küste kommt, desto größer wird er. Rund drei Viertel der Tsunamis entstehen im Pazifik. Daher ist die Insel Hawaii der ideale Ort für ein Tsunami-Frühwarn-Zentrum.

Flüchtlingslager

Wenn bei einem Erdbeben Häuser zerstört werden, brauchen die Menschen eine Unterkunft, bis sie beginnen können, ihre Existenz neu aufzubauen. Zelte sind nach einem Erdbeben am sichersten, denn mit Nachbeben muss man rechnen.

Indien, 1993

Fünf Tage begraben

Am frühen Morgen des 30. September 1993 erschütterte ein schweres Erdbeben den indischen Bundesstaat Maharashtra; 12 000 Menschen kamen ums Leben. Siebzehn Dörfer wurden vollständig zerstört, weitere 119 schwer beschädigt. Im Dorf Magrul war die 18 Monate alte Priya unter den Trümmern eingeschlossen. Fünf Tage später war sie noch immer nicht gefunden worden; ihre Mutter, die mit schweren Verletzungen im Krankenhaus lag, hatte alle Hoffnung aufgegeben. Die Rettungsmannschaften jedoch gruben weiter und fanden Priya – quicklebendig. Den Rettern bereitete Sorge, dass das Kind von ihnen keine Flüssigkeit annahm. Daher schickten sie nach der Großmutter. Sie reichte dem Kind Wasser und es begann zu trinken.

Kasachstan

Alma-Ata ist die größte Stadt im zentralasiatischen Kasachstan. Sie liegt in einem Tal am Tien-Shan-Gebirge. Alma-Ata wurde bei zwei Erdbeben 1887 und 1911 nahezu vollständig zerstört, durch eine Schlammlawine 1921 schwer beschädigt. Weil sie weitere Katastrophen verhindern wollten, führten Ingenieure im Jahr 1966 mit einer Explosion einen Erdrutsch herbei, der eine Schlucht verschloss. Eine natürliche Schlammlawine 1973 hatte für die Bevölkerung dann wirklich viel weniger verheerende Folgen.

Suche nach Überlebenden

1970 wurde bei einem Erdrutsch die Stadt Yungay in Peru vollständig verschüttet, 18 000 Menschen starben. Erdrutsche sind in den Anden so verbreitet, dass die Forscher der International Union of Geological Sciences mittlerweile versuchen, sie mit Radarsatelliten aufzuspüren. So erfahren sie mehr darüber und können sie vielleicht eines Tages vorhersagen.

Peru 1963: Helfer suchen, sieben Jahre vor dem Unglück von Yungay, nach Überlebenden eines Erdrutsches.

Erdrutsche und Schlammlawinen

Erdbeben setzen an steilen Bergen und an Klippen im Küstenbereich Erdrutsche in Gang, die alles, was ihnen im Weg steht, mit sich reißen. Auf sandigen oder lehmigen Böden kann schon die kleinste Erschütterung einen ganzen Abhang ins Gleiten kommen lassen. Auch große Felsstürze können katastrophale Folgen haben. Ein Beben der Stärke 7,8 vor der peruanischen Küste entfesselte am Huascaran einen Erdrutsch und eine Lawine, die eine ganze Stadt begruben. Bei einer Schlammlawine versetzen Niederschläge Steine und Erde in Bewegung, die ein Erdbeben zuvor gelockert hat.

Rettungsarbeiten

In den Anden und anderen bergigen Regionen bereitet es den Rettungsmannschaften große Probleme, die Hilfsbedürftigen zu erreichen. Erdrutsche und Schlammlawinen schneiden Straßen und Bahnverbindungen ab. Hubschrauber sind bei der Bergung oft am hilfreichsten. Sie können Medikamente und Nahrung abwerfen.

Der Mensch
als Verursacher

Der Mensch kann ein Erdbeben auslösen oder die Erdbebengefahr erhöhen, indem er die Erdkruste einschneidend verändert. Unter Wüsten wurden Atombomben gezündet, die eine enorme Energie freisetzten und wie Erdbeben wirkten. Auch wenn Wasser ins Erdreich geleitet wird, kann das ein Beben hevorrufen. Das erkannte man in den USA nahe Denver, Colorado, wo man das Abwasser einer Fabrik in unterirdische Bohrlöcher pumpte. Dammprojekte werden ebenfalls für Erdbeben verantwortlich gemacht, denn das gestaute Wasser übt Druck auf den Untergrund aus und dringt in Risse und Spalten ein.

Bändigung des Nils

Vor dem Bau des Assuan-Staudamms, in dem Nilwasser zurückgehalten wird, wurde der 3000 Jahre alte Tempel Ramses II. an einen Ort gebracht, wo er vor Überschwemmungen sicher war. Der Staudamm wurde 1971 erbaut. Das Wasserreservoir, der neue Nassersee, ist über 500 km lang. Früher soll es in der Gegend keine größeren Beben gegeben haben. Doch im Jahr 1981 suchte ein Erdbeben der Stärke 5,6 den See heim. Das Epizentrum lag vom Staudamm aus 60 km flussaufwärts im See.

Der Hoover-Staudamm

Der Hoover-Staudamm in den USA staut am Ende des Grand Canyon auf der Grenze zwischen Arizona und Nevada das Wasser des Colorado. Der Damm wurde 1936 fertig gestellt und es entstand ein riesiges Wasserreservoir, der Meadsee. Als sich der See langsam füllte, wurden in der Region die ersten kleinen Beben spürbar. Dann, der See war fast voll, erschütterte in 40 km Entfernung ein Erdbeben der Stärke 5 die Stadt Las Vegas. Heute versorgt der Hoover-Staudamm ein großes Gebiet mit Wasser und Strom.

In Lesotho im südlichen Afrika ergriffen im Jahr 1997 die Bewohner der Dörfer rund um ein neues Staubecken die Flucht, als sich eine 1,5 km lange und 7 cm breite Spalte bildete. Seit 1995, als sich das Katse-Staubecken zu füllen begann, wurden eine Reihe kleiner Beben verzeichnet.

Kariba-See

Am Kariba-Staudamm im südlichen Afrika entstand ein See, der dreimal größer ist als der des Hoover-Staudamms. In den Jahren 1955 bis 1961 erschütterten, während sich der See füllte, über 2000 leichte Beben die Gegend. Als das Reservoir voll war, hörten die Erdstöße auf.

Die Gegend rund um den Kariba-See ist heute zum Teil Naturschutzgebiet.

Wasserdruck

Bei Rangely in Colorado führten Wissenschaftler ein kontrolliertes Experiment durch, bei dem sie Wasser unter hohem Druck in vorhandene Erdöl-Lagergänge pumpten. Sie maßen, wie viel Wasser vom unterirdischen Gestein aufgenommen wurde. Sie fanden heraus, dass sich mit steigendem Wasserdruck kleine Erdbeben häuften. Das Wasser machte nämlich Verwerfungen im Gestein gleitfähig, sodass sie ins Rutschen gerieten.

Mexiko City, 1985

Die Westküste Mexikos liegt auf dem »Ring of Fire«. Hier sinkt die Cocosplatte langsam unter die Amerikanische Platte ab, sodass unter dem Meer ein Graben entsteht. Am 19. September 1985 kamen dort um 7.18 Uhr an einer 200 km langen Verwerfung Gesteinsbrocken ins Rutschen – in zwei Stößen, die 26 Sekunden versetzt auftraten, verschob sich die Erde um 2 m. Der Erdbebenherd befand sich 20 km unter der Erdoberfläche nahe dem mexikanischen Bundesstaat Michoacan. Das Erdbeben hatte die Stärke 8,1 auf der Richterskala. Weniger als eine Minute später erreichten die Erdbebenwellen, die 24 139 km/h zurücklegten, das 380 km entfernte Mexiko City. Innerhalb von fünf Minuten waren in der Stadt mehr als 400 Gebäude eingestürzt, weitere 300 schwer beschädigt. Nach offiziellen Angaben kamen 9500 Menschen ums Leben, die genaue Zahl wird man wohl nie erfahren.

Das Aztekenreich

Den Azteken bedeutete ein besonderes Zeichen, wo sie siedeln sollten – ein Adler auf einem Kaktus, der eine Schlange in den Klauen hält. Um 1325 fanden sie es auf einer sumpfigen Insel im Texcoco-See. An dieser Stelle entstand später Mexiko City. Beim Erdbeben im Jahr 1985 verstärkten sich die Schwingungen am Boden des alten Sees und erschütterten die Gebäude darüber.

Überwachung eines Erdbebens

Im National Earthquake Information Center der USA in Golden, Colorado, läuteten um 7.23 Uhr, vier Minuten nach dem Beben in Mexiko City, die Alarmglocken. Weitere fünf Minuten später zeichnete man die Oberflächenwellen auf, die Colorado in 2500 km Entfernung erreichten. Das Zentrum veröffentlicht Berichte über Erdbeben auf der ganzen Welt und hat seit 1973 mehr als eine viertel Million Beben geortet.

Mexiko City

Eine Familie, die im Erdgeschoss eines 14-stöckigen Apartment-Hauses lebte, glaubt fest daran, dass sie von ihrem Papagei gerettet wurde. Als das Gebäude über ihnen zusammenstürzte, begann der Papagei zu kreischen. Die Retter hörten ihn und drangen acht Stunden später zur verschütteten Familie vor.

Die Azteken-Hauptstadt Tenochtitlán bestand aus Inseln, zwischen denen Kanäle verliefen. Heute erinnern nur noch die Wasserstraßen und Gärten von Xochimilco an diese Kanäle.

Aufräumarbeiten

Im Jahr 1985 hatte Mexico City 18 Millionen Einwohner. Die meisten von ihnen waren in irgendeiner Form von dem Erdbeben betroffen. Viele Obdachlose wurden in Zelten untergebracht, bis eine neue Unterkunft gefunden war. Nach einer Naturkatastrophe, wenn sauberes Wasser und gesunde Lebensmittel knapp sind, verbreiten sich Krankheiten schnell. Einige der zerstörten Gebäude waren Krankenhäuser. Die Rettungsmannschaften fanden nicht weniger als 58 neugeborene Babys unter den Trümmern. Einige waren bis zu sieben Tage verschüttet gewesen.

Der Blick unter die Trümmer

Den Rettungsmannschaften gelang es, viele Überlebende aus den Trümmern eingestürzter Häuser zu bergen. Über 30 000 Menschen wurden verletzt, mehr als 100 000 obdachlos. Überlebende sind manchmal tagelang unter den Trümmern ihrer Häuser begraben. Die Retter haben die schwierige Aufgabe sie zu orten und dann den Schutt vorsichtig wegzuräumen. Spürhunde und Infrarotgeräte oder wärmeempfindliche Instrumente helfen beim Aufspüren der verschütteten Menschen.

Honshu, Japan

Tokyo, 1923
Diese Überlebenden suchen im Schutt nach ihren verlorenen Besitztümern. Umgestürzte Öfen hatten in der Stadt zwei gewaltige Brände entfacht, die die Holzhäuser zerstörten. In den Flammen starben die meisten Menschen. Einige Gebiete rund um die Stadt wurden bis zu 2 m angehoben; der Meeresboden in der Bucht von Tokyo verschob sich teilweise bis zu 3 m nach Norden.

Japan liegt an einer Stelle, an der vier tektonische Platten aufeinander treffen: die Eurasiatische und die Amerikanische im Norden, die Philippinen-Platte und die Pazifische im Süden. Auf den Inseln gibt es viele Vulkane und etwa 1000 Erdbeben pro Jahr. Die meisten sind recht schwach, doch im Jahr 1923 erschütterte ein Beben der Stärke 8,3 ein riesiges Gebiet nahe Tokyo auf der größten japanischen Insel Honshu. Über eine halbe Million Häuser lag in Trümmern und 143 000 Menschen kamen ums Leben, davon allein 100 000 in Tokyo. Dann, im Jahr 1995, traf es den Südzipfel der Insel. Die Hafenstadt Kobe erlitt die größten Schäden. Viele der neueren Gebäude in Kobe blieben stehen, weil sie erdbebensicher gebaut worden waren.

Kobe, 1995
Das Beben mit einer Stärke von 7,2 auf der Richterskala ereignete sich am Morgen des 17. Januar 1995 um 5.46 Uhr. Die Stadt Kobe bebte 20 Sekunden lang. Die Betonpfeiler, die auf einer Länge von 600 m die Hanshin-Autobahn stützten, brachen in sich zusammen. Bei dem Erdbeben kamen 5500 Menschen ums Leben.

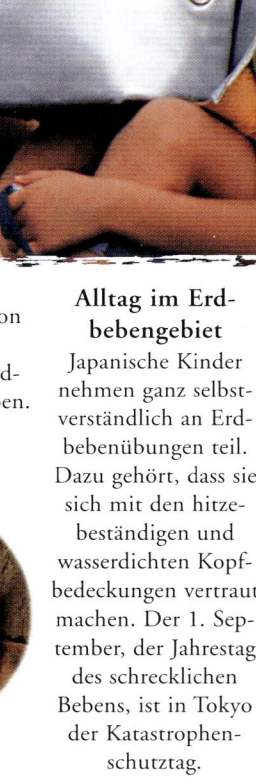

Alltag im Erdbebengebiet
Japanische Kinder nehmen ganz selbstverständlich an Erdbebenübungen teil. Dazu gehört, dass sie sich mit den hitzebeständigen und wasserdichten Kopfbedeckungen vertraut machen. Der 1. September, der Jahrestag des schrecklichen Bebens, ist in Tokyo der Katastrophenschutztag.

Namazu
Einer alten japanischen Legende zufolge ist der Verursacher der Erdbeben der Namazu, ein Riesenwels, der unter den Inseln lebt. Im Jahr 1855 suchte ein Erdbeben Tokyo heim, das damals noch Edo hieß. Die Menschen glaubten, der Namazu habe sich gewälzt. Man erzählt sich auch, dass vor dem Beben von 1923 in einigen Teichen springende Welse beobachtet worden seien.

Evakuiert

Beim Erdbeben von Kobe wurden 100 000 Häuser zerstört und 88 000 schwer beschädigt. Mehr als 300 000 Menschen wurden evakuiert. Viele von ihnen lebten wochenlang in Lagern; zwei Monate später waren es immer noch 70 000. Die ganze Zeit über gab es kleinere Nachbeben und viele Leute befürchteten, dass ein weiteres großes Beben folgen würde. Glücklicherweise war das nicht der Fall.

Beim Erdbeben von Kobe brachen die Wasserleitungen. Rund eine Million Haushalte waren 10 Tage lang ohne Wasser. Auch Gas- und Stromleitungen für 2 Millionen Haushalte waren gekappt.

Tokyo und Kobe

Eine 90 Jahre alte Frau, die aus ihrem Haus in Kobe gerettet wurde, hatte auch das Erdbeben von Tokyo 72 Jahre zuvor überlebt. Im Jahr 1923 hatte sie in einem Büro gearbeitet und sich unter einem Schreibtisch versteckt, um nicht von dem einstürzenden Gebäude erschlagen zu werden.

Poseidon

In der griechischen Mythologie war Poseidon der Gott der Meere, in einigen Gegenden auch Gott des Erdbebens. Bei Homer ist er der »Erderschütterer«. Poseidon, Bruder des Zeus, wurde als sehr starker Gott dargestellt, der in viele Kämpfe verwickelt war. Für die Griechen verkörperte er die Naturkräfte. Sie opferten ihm Bullen.

Verschüttete Vergangenheit

Erdbeben gibt es seit Millionen von Jahren. In der Antike hielt man alle Naturkatastrophen für das Werk der Götter. Drei der sieben antiken Weltwunder – das Mausoleum von Halikarnassos, der Koloss von Rhodos und der Leuchtturm auf Pharos – fielen Erdbeben zum Opfer. Der erste große minoische Palast von Knossos stürzte bereits 1700 v. Chr. durch ein Beben ein. Auch die Bürger der römischen Städte Pompeji und Herculaneum spürten 63 n. Chr., 16 Jahre vor dem Ausbruch des Vesuv, ein starkes Beben, das einigen Schaden anrichtete. Damals jedoch war wenig oder nichts über den Zusammenhang zwischen Erdbeben und Vulkanausbrüchen bekannt.

Das erste Mausoleum

Mausolos plante für sich und seine Frau Artemisia ein monumentales Grabmal, das kurz nach seinem Tod 353 v. Chr. fertig gestellt wurde. Im 13. Jahrhundert n. Chr. wurde das Gebäude bei einem Erdbeben zerstört. Einige hundert Jahre später kamen Statuen und Skulpturen wie diese bei Ausgrabungen in der heutigen Türkei wieder zum Vorschein.

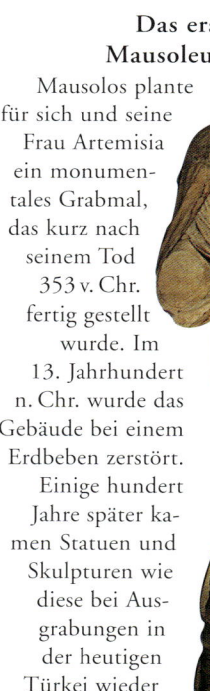

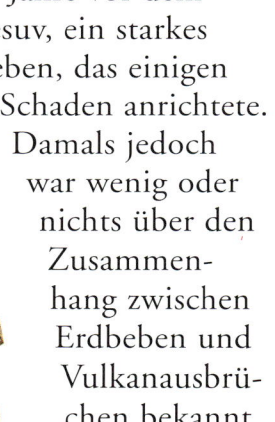

Der Leuchtturm auf der Insel Pharos wurde im 3. Jahrhundert v. Chr. gebaut, um die Schiffe sicher in den Hafen von Alexandria zu geleiten. Wahrscheinlich war er der erste Leuchtturm der Erde. In der Spitze brannte nachts ein Feuer. Bronzeplatten reflektierten das Licht zum Meer. Im Jahr 1324 wurde der Turm bei einem Erdbeben zerstört.

Kourion, Zypern

Am 21. Juli 365 suchte ein schweres Erdbeben den östlichen Mittelmeerraum heim. Bei dem Beben kamen auf Zypern Tausende von Menschen ums Leben. In der Nähe der Küstenstadt Kourion haben Archäologen unter den Ruinen Skelette, Schüsseln, Vasen und Kunstgegenstände wie das Mosaik links gefunden.

Der Tempel des Zeus

In Olympia verehrten die Griechen Zeus als obersten Gott. Im Zeustempel befand sich eine wertvolle Statue, die im Jahr 462 n. Chr. per Schiff nach Konstantinopel gebracht wurde. Rund 100 Jahre später bebte die Gegend um Olympia. Der Tempel und das Stadion wurden von Erdrutschen zerstört und erst in jüngster Zeit ausgegraben. Heute sind nur noch wenige Säulen zu sehen (oben).

Hirsche aus Bronze stehen dort, wo sich einst der Koloss von Rhodos erhob.

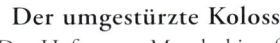

Der umgestürzte Koloss

Der Hafen von Mandraki auf der griechischen Insel Rhodos stand einst unter dem Schutz der gigantischen Bronzestatue des Sonnengottes Helios. Dieser Koloss stand mit je einem Fuß rechts und links der Hafeneinfahrt. Im Jahr 226 v. Chr. brachte ein Erdbeben die Statue zu Fall; sie zerbrach an den Knien.

Lasertechnologie

Von einer Station in Kalifornien werden Laserstrahlen zu Reflektoren auf die gegenüberliegende Seite einer bekannten Verwerfung geschickt. Mit genauen Instrumenten misst man, wie lange die Strahlen brauchen. Die kleinste Entfernungsänderung, die auf eine Bodenbewegung zurückzuführen ist, wird sofort registriert.

Haicheng

Anfang 1975 bemerkten Seismologen, dass sich der Wasserstand in den Brunnen rund um die Stadt Haicheng in Nordostchina veränderte. Es folgten kleine Beben. Am Morgen des 4. Februar wurden in der Gegend rund eine Million Menschen aus ihren Häusern evakuiert. Am gleichen Abend zerstörte ein Beben der Stärke 7,5 das gesamte Gebiet. Tausende von Häusern stürzten ein und 1328 Menschen kamen ums Leben.

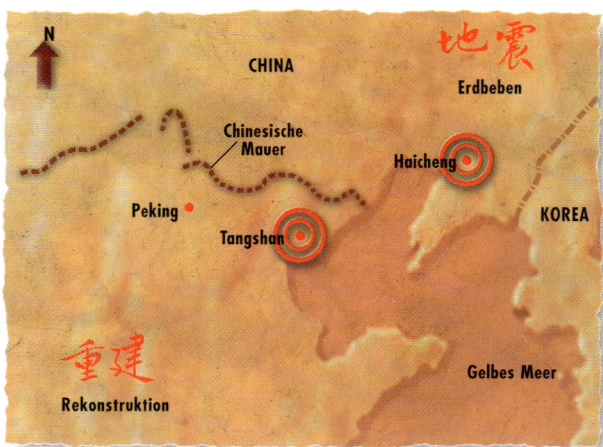

N

地震
Erdbeben

CHINA

Chinesische Mauer

Haicheng

Peking

Tangshan

KOREA

重建
Rekonstruktion

Gelbes Meer

Grundwasser-Untersuchung

Der Anteil von Mineralien und Gasen im Grundwasser und der Grundwasserspiegel verändern sich vor einem Erdbeben, weil sich das Gestein bewegt und das Wasser aus einer Spalte in eine andere gedrängt wird.

Tangshan

Weniger als 18 Monate nach dem Beben von Haicheng traf 400 km entfernt eine noch größere Katastrophe die Stadt Tangshan. Dieses Mal gab es keine Vorhersage oder Frühwarnung. Das Epizentrum des Bebens mit einer Stärke von 7,9 lag genau in der Stadt. Die Folgen waren verheerend. Offiziell kamen 242 000 Menschen ums Leben, wahrscheinlich waren es jedoch über eine halbe Million.

Erdbebenvorhersage

Die Seismologen sind ständig auf der Suche nach neuen Methoden, Ort und Zeitpunkt eines großen Bebens vorherzusagen. Nach Ansicht einiger Wissenschaftler ereignen sich in Gebieten, in denen die Erde oft leicht zittert, nur selten schwere Beben. Bei den kleinen Erdstößen entlädt sich nämlich der Druck, der sich andernfalls aufstauen und zu einem schweren Erdstoß führen würde. In besonders gefährdeten Regionen in den USA und Japan versucht man mit Experimenten die kleinsten Bewegungen an den Verwerfungslinien aufzuspüren. Die Forscher hoffen so eine größere Bewegung vorhersagen zu können. Sie fanden auch heraus, dass Veränderungen in Zusammensetzung und Höhe des Grundwassers viel über Bewegungen und mögliche Risse im Gestein aussagen.

Dehnungsmesser

Mit speziellen Messgeräten können kleinste Kriechbewegungen an einer Verwerfung gemessen werden. Auffälligkeiten kann man umso besser erkennen, je mehr Daten man im Lauf der Jahre über kleinste Erdbewegungen gesammelt hat. Sie kündigen möglicherweise ein schweres Erdbeben an.

Parkfield, Kalifornien

Parkfield liegt auf dem San-Andreas-Graben ziemlich genau in der Mitte zwischen San Francisco und Los Angeles. Es zählt zu den am gründlichsten überwachten Erdbebenzonen der Erde. Die Pfeile zeigen, in welcher Richtung sich die Verwerfung langsam verschiebt.

❶ Ein unterirdisches Seismometer misst kleinste Erschütterungen.

❷ Ein Magnetometer registriert Veränderungen im Erdmagnetfeld, die Aufschluss über Spannungen im unterirdischen Gestein geben.

❸ Ein Seismometer nahe der Oberfläche misst größere Erschütterungen.

❹ Das Schwingungsinstrument erzeugt zum Austesten der Erdbebenzone Schwingungen.

❺ Der Dehnungsmesser registriert die kleinsten oberirdischen Kriechbewegungen.

❻ Ein Spannungsmesser erfasst die Verformung unterirdischen Gesteins und übermittelt die Daten an einen Satelliten.

❼ Ein Sensor prüft ständig den Grundwasserspiegel und schickt die Daten ebenfalls an den Satelliten.

❽ Ein Satellit übermittelt die Daten aus Parkfield an eine große geologische Überwachungsstation.

❾ Lasergeräte messen kleinste Bodenbewegungen, indem sie Laserstrahlen quer über die Verwerfung zu den Reflektoren ❿ schicken.

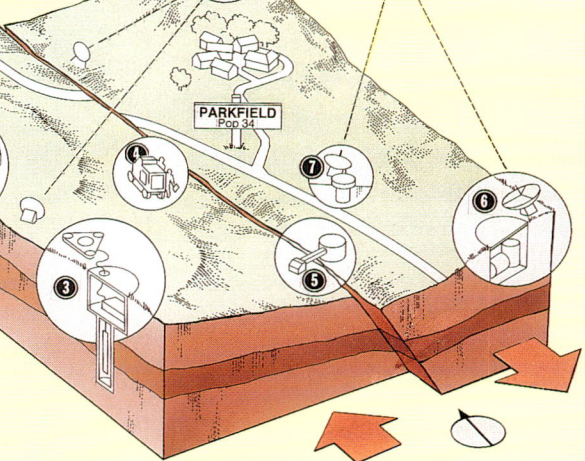

Ein Blick in die Zukunft

Einige Forscher haben versucht, die Stärke von Erdbeben zu vermindern, indem sie an Verwerfungen Wasser ins Erdreich pumpten, damit die Gesteinsmassen unter geringerer Spannung und vorhersagbar aneinander vorbeigleiten können. Bislang sind diese Versuche nicht sehr erfolgreich gewesen. Vielleicht werden wir nie in der Lage sein, die Erdbebengefahr zu vermindern. Wir können aber versuchen, mehr über die Beben in Erfahrung zu bringen, um durch Vorsichtsmaßnahmen und rechtzeitige Warnungen Leben zu retten. So kann man Gebäude erdbebensicher bauen und mithilfe neuster Technologien Ort und Zeitpunkt einer möglichen Katastrophe vorhersagen.

Stoßdämpfer

Gummi- und Stahlmatten, so genannte Isolatoren, die unter neue oder bereits vorhandene Gebäude gelegt werden, können sie erdbebensicher machen – sie werden ähnlich gelagert wie dieses Ausstellungsstück in einem kalifornischen Museum. Dank des freien Raums um die Isolatoren kann das Gebäude beben, ohne einzustürzen.

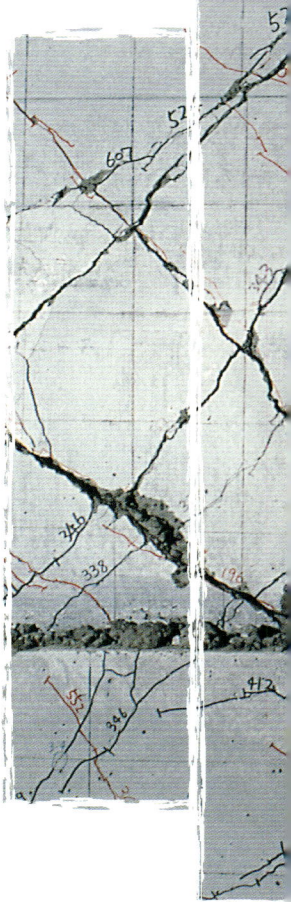

Erdbeben studieren

Je mehr wir über Erdbeben wissen, desto besser werden wir in der Lage sein, sie zu überleben. In den geologischen Überwachungslabors der USA in Menlo Park, Kalifornien, stehen Unmengen Seismografen und andere Geräte. Seismologen aus aller Welt haben immer Zugriff auf die Informationen über frühere und mögliche zukünftige Erdbeben.

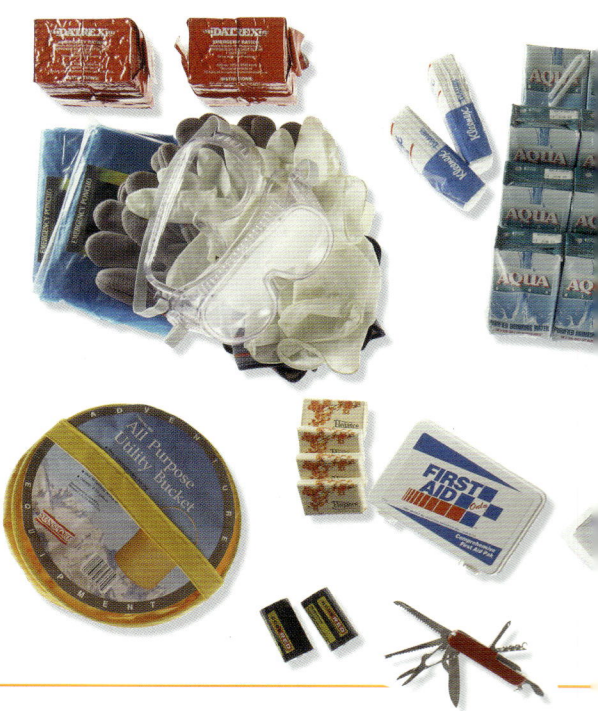

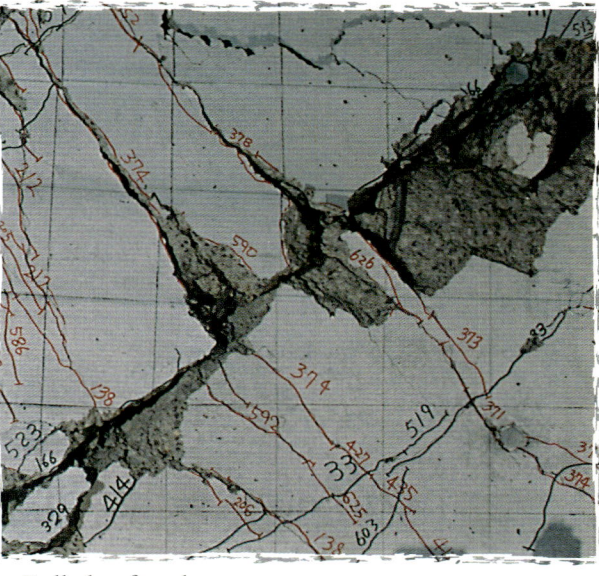

Erdbebenforschung

Das Building Research Institute in Tsukuba ist die weltweit größte Forschungsanstalt für erdbebensicheres Bauen. Architekten und Ingenieure untersuchen dort mithilfe von Schwingungsgeräten, die auf verschiedene Magnituden eingestellt werden können, die Modelle neuer Gebäude. Getestet wird bis zur Zerstörung. So findet man heraus, wie hoch die Schwingungen sind, die ein Gebäude maximal aushält. Techniker verzeichnen jeden Riss.

Erdbeben-Notausrüstung

In Erdbebengebieten sind viele Haushalte und Arbeitsplätze mit einer Überlebensausrüstung ausgestattet. Damit können Menschen, wenn sie irgendwo eingeschlossen werden, eine Zeit lang überleben.

Dieser 48 Stockwerke hohe pyramidenförmige Wolkenkratzer ist mit 260 m das höchste Gebäude San Franciscos. Seine Form wurde eigens entwickelt, um ihn erdbebensicher zu machen.

Schon gewusst …?

Im letzten Jahrhundert sind rund um den Erdball über 1,5 Millionen Menschen bei Erdbeben ums Leben gekommen.

Das längste gemessene Erdbeben rumorte vier Minuten lang – das war 1964 in Alaska.

Lichtblitze könnten eine Warnung vor Erdbeben sein. Einige Überlebende von Kobe berichteten von roten und blauen Lichtblitzen kurz vor dem Erdbeben. Nach Ansicht von Wissenschaftlern könnten sie von einem Phänomen herrühren, das bei der Spaltung von Quarz, einem recht häufigen Mineral, auftritt.

Bei vielen der großen Beben sind Häftlinge aus dem Gefängnis geflohen. Einer davon war Kapitän Greaves, ein Pirat, der dafür berühmt war, dass er niemals arme Menschen ausraubte oder seine eigenen Gefangenen schlecht behandelte. Greaves wurde 1680 wegen Piraterie eingesperrt, entkam aber, als das Gefängnis bei einem Erdbeben zerstört wurde. Später wurde er begnadigt.

Schon im Jahr 1904 konstruierte man erdbebensichere Häuser. Die amerikanische Architektin und Ingenieurin Julia Morgan (1872–1957) baute in San Francisco einen Glockenturm aus verstärktem Beton. Damals gab es wenige weibliche Architekten; die Wahl des Materials schien darüber hinaus sehr ungewöhnlich. Als die Konstruktion das Erdbeben von 1906 überstand, stieg das Ansehen von Julia Morgan enorm.

Bei der ersten Mondlandung im Jahr 1969 installierten die Astronauten Neil Armstrong und Edwin Eugene Aldrin wissenschaftliche Instrumente auf dem Mond, darunter ein Seismometer. Schon bald darauf wurden erste Beweise für ein »Mondbeben« zur Erde übermittelt.

Die Deutsche Bibliothek - CIP Einheitsaufnahme

Erdbeben / von Neil Morris. Aus dem Engl. von Anne Emmert. - München : Ars-Ed., 2001
(Wissen der Welt) Einheitssacht.: Earthquakes <dt.> ISBN 3-7607-4706-X

Copyright © 2001 für die deutsche Ausgabe: arsEdition, München
Aus dem Englischen von Anne Emmert
Redaktion: Annette Maas, Magda-Lia Bloos
Umschlaggestaltung der deutschen Ausgabe: Eva Schindler

First Published in Great Britain by ticktock Publishing Ltd.
Titel der Originalausgabe: »Earthquakes«
© 1999 ticktock Publishing Ltd.
Illustrationen von: Peter Bull Art Studio
Alle Rechte vorbehalten · Printed in Belgium

ISBN 3-7607-4706-X

Danksagung: Der Verlag bedankt sich bei Graham Rich, Hazel Poole und Elizabeth Wiggans für ihre Mithilfe.

Bildnachweis: o = oben, u = unten, m = Mitte, l = links, r = rechts, Uv = Umschlag vorne, Uh = Umschlag hinten

Ancient Art & Architecture: 26ul, 27 or. Colorific: 8/9 (Hauptbild) und Uv, 14 ol, 26/27 (Hauptbild). Corbis: 6 ol, 12 ol, 12/13 (Hauptbild), 18 m, 21 u, 22 ol, 22/23 o, 23 ur, 24 ol, 31 ur, 30/31 u. Image Select: 12 ul, 24 ur, 20 ul, 26 ol, 26/27 mu. Mary Ewans: 15 ur. National Geographic Society: 16 ur, 18/19 ur und Uh, 19 or, 22 u, 23 mr, 30/31 (Hauptbild), 32. Oxford Scientific Films: 2 ur, 2/3 (Hauptbild), 5or, 5ml, 6/7 (Hauptbild), 16 ol. Planet Earth Pictures: 4/5 (Hauptbild), 20/21 (Hauptbild), 24 u. Popperfoto: 24/25 (Hauptbild), 0, 8 ur, 24 ml, 24/25. Rex: 5 um, 25 ml, 27 ur.

Science & Society: 13 or. Science Foto Libary: 2 ul, 4 ol, 8 ul, 10 /11 (Hauptbild), 14/15 (Hauptbild), 14/15 m, 16/17 (Hauptbild), 28/29 (Hauptbild), 28 ul, 29 or, 29 ur, 30 ul. Telegraph Colour Libary: 10 /11 ml. Tony Stone: Uv (kleines Bild), 5 mr, 8 ol, Uh.

Register